CANTIQUE
SPIRITUEL

Sur la Conſtitution *Unigenitus.*

SECONDE EDITION.

Revûë, corrigée & augmentée.

Volens cauſam.... ad ipſius humillimè vulgi, & omnino imperitorum atque Idio-tarum notitiam pervenire, & eorum quantum fieri poſſet memoria inhærere, Pſal-mum qui eis cantaretur.... feci. S. Aug. Lib. 1. Retract. cap. xx.

Voulant mettre le commun du [Peu]ple fidéle, & les perſonnes les plus [sim]ples, celles-mêmes qui ſont ſans con-noiſſances & ſans lettres, au fait des con-teſtations qui agitent l'Egliſe; & impri-mer autant qu'il eſt poſſible dans leur mémoire les véritez qui ſont aujourd'hui attaquées dans l'Egliſe, j'ai compoſé ce Cantique, pour être chanté de tout le monde.

MDCCXXXII.

(3)

CANTIQUE
SPIRITUEL,

Sur la Constitution *Unigenitus.*

Sur l'Air : *Je n'en dirai pas le nom,*
Or écoutez ma Chanson, &c.

A QUELLES tristes allarmes
Nous voïons-nous exposez,
L'on n'entend de tous côtez
Que gémissemens, que larmes :
Quoi ! la Constitution
Cause encor tant de vacarmes,
Quoi ! la Constitution
Met tout en combustion.

    O vous que l'on veut surprendre
Par un langage flatteur,
Gardez-vous de l'Imposteur,
Et des piéges qu'il veut tendre ;
Ecoutez la Vérité,
Ce Cantique va l'apprendre ;
Ecoutez la Vérité
Dite avec simplicité.

    LA Grace de Dieu dans l'Ame
Est une inspiration

GRACE
CRÉE'E.

A 2

D'un amour plein d'onction
Qui l'attire & qui l'enflamme.
Esprit saint par sa douceur
Embrases-nous de tes flammes,
Esprit saint par sa douceur
Daignes guérir ma langueur.

GRACE
INCRE'E'E.

PROPOS.

X. XI. XIII.

XV. XVI.

XIX. XX.

XXI.

MAIS en Dieu c'est sa puissance,
La Grace est sa volonté,
Dont l'effet n'est arrêté
Par aucune résistance.
Seigneur, si vous le voulez,
Vous donnez l'obéissance ;
Seigneur, si vous le voulez,
Tout en nous vous operez.

NECESSI-
TE DE LA
GRACE.

I. II. III.

IV. XXXVIII

XXXIX. XL.

XLI. XLII.

LXIX.

SANS Grace on ne peut rien faire,
Sans Grace au mal attaché,
Nôtre cœur n'est que péché ;
Par-tout elle est nécessaire,
Pour commencer l'action,
L'avancer, & la parfaire ;
Pour commencer l'action,
De la Grace il faut le don.

GRACE EX-
TERIEURE.

V. XLI.

SANS la Grace intérieure
Rien ne peut l'ame amollir ;
Tout ne sert qu'à l'endurcir
Loin de la rendre meilleure ;
Menace, exhortation,
Toute Grace extérieure ;
Menace, exhortation,
On abuse de ces dons.

Sur l'ame elle a tout empire GRACE
En gagnant sa volonté, EFFICACE.
Sans blesser sa liberté,
Tout bien elle fait produire; IX. X. XI.
Son invincible douceur XIII. XIV.
A Dieu le pécheur attire; XV. XVI.
Son-invincible douceur
Rompt la dureté du cœur.

Dieu peut autant par sa Grace XX. XXIV.
Sur un cœur qu'il convertit, XXV.
Que sur un corps qu'il guérit
Par sa parole efficace.
Oüi, Seigneur, vous le pouvez,
Tournez vers moi vôtre face;
Oüi, Seigneur, vous le pouvez
Dites, & je serai sauvé.

Grand Dieu pour créer le monde XXI. XXIII.
Vous commandâtes, il se fit:
Ainsi la Grace suffit
Pour rendre l'ame féconde.
D'un mot vous reffuscitez
Les Morts, & calmez les ondes;
D'un mot vous reffuscitez
Les Ames que vous voulez.

Dans le premier des myftéres ACCORD
L'accord de la liberté DE LA LI-
Avec la Grace eft montré BERTE' A-
D'une façon finguliére; VEC LA
De Marie le Verbe attend GRACE.
Pour la prendre pour fa Mere. XXII.

De Marie le Verbe attend
Le libre confentement.

XXIX. MAIS le confentement même
Eſt de la Grace l'effet,
Que Dieu par un ſaint attrait
Produit dans l'ame qu'il aime ;
Dieu dans l'homme opere tout,
L'homme opere tout lui-même :
Dieu dans l'homme opere tout ;
Seigneur, la gloire eſt à vous.

GRACE
SUFFISAN-
TE.
QUOIQU'ON réſiſte à la Grace
Et qu'un bon, mais foible amour,
Ne l'emporte pas toûjours
Sur un cœur dur & de glace ;
Elle a pourtant un effet,
On la peut dire efficace ;
Elle a pourtant un effet,
Que Dieu veut par ſon decret.

CERTITU-
DE DE LA
PREDESTI-
NATION.
XII. XIII.
XXX.
QUAND dés entraves du diable
Dieu veut une ame arracher,
Rien ne ſauroit l'empêcher,
Son decret eſt immuable ;
En tout tems, comme en tout lieu,
Un effet indubitable,
En tout tems, comme en tout lieu,
Suit le ſûr pouvoir d'un Dieu.

MORT DE
J. C.
XXXI. XXXII
DOUX JESUS pour ſatisfaire
A vôtre Pére en courroux,
Vous ſouffrez la mort pour tous ;
Mais ſon fruit ſi ſalutaire

A tous n'est pas appliqué,
Il dépend de vos priéres;
A tous n'est pas appliqué,
Seul vous le communiquez.

Oh! qu'il faut de confiance,   PARFAITE
Qu'il faut de détachement,   CONFIAN-
Pour dire, en s'appropriant   CE.
Jesus, & son Alliance   XXXIII.
Il m'a, mon Jesus, aimé;
Paul l'a dit plein d'espérance,
Il m'a, mon Jesus, aimé,
C'est pour moi qu'il s'est livré.   HORS

Hors l'Eglise point de Grace   L'EGLISE
De vie & de guérison,   POINT DE
Hors d'elle point de pardon,   GRACE DE
Quelque chose que l'on fasse.   SALUT.
Le pardon pour le pécheur   XXIX.
A qui Dieu montre sa face,   XXVIII.
Le pardon pour le pécheur   PARDON
Est la première faveur.   DES PE-
CHEZ I.
L'Homme en l'état d'innocence   GRACE.
A la Grace avoit un droit,   GRACE
Il la possédoit en foi;   D'ADAM.
Mais depuis sa décadence   XXXIV.
Il n'a que par Jesus-Christ   XXXV.
Et de Grace & d'espérance,   XXVI.
Il n'a que par Jesus-Christ   XXXVII.
La Grace qui convertit.

Sous un Dieu juste, équitable,   POINT
Et miséricordieux,   D'ETAT DE

PURE NA-
TURE.

LXX.

Personne n'eſt malheureux
A moins qu'il ne ſoit coupable.
Dans un état innocent
Il n'eſt point de miſérable,
Dans un état innocent
Il n'eſt point de châtiment.

EFFET DU
BAPTÊME.

XLIII.

L'EFFET premier du Baptême
Eſt de mourir au péché,
Et d'être bien détaché
Du monde, comme un Mort même.
Dans la gloire, ou le mépris,
Qu'on me haïſſe, ou qu'on m'aime,
Dans la gloire, ou le mépris,
Je conſerve un même eſprit.

LES DEUX
ALLIAN-
CES.

VI. VII. VIII
LXIII. LXIV
LXV.

QUE grande eſt la différence
De l'une & de l'autre Loi !
L'ancienne eſt pleine d'effroi,
Laiſſée à ſon impuiſſance :
L'amour animant la foi
Dans la nouvelle Alliance,
L'amour animant la foi
Nous fait accomplir la Loi.

DISPENSE
DE LA LOI
POSITIVE.

LXXI.

SI de la Loi naturelle
L'on n'eſt jamais diſpenſé,
L'on peut par néceſſité
Se diſpenſer d'une régle
Qui n'eſt faite que pour ſoi,
Et qui n'eſt pas éternelle,
Qui n'eſt faite que pour ſoi :
Du Sabbat telle eſt la Loi.

LA Foi la premiére Grace
Est la source de tout bien,
L'amour en est le soûtien,
Sans lui rien n'est salutaire,
Rien n'est fait chrétiennement
Dans l'œuvre, ou dans la priére,
Rien n'est fait chrétiennement
Sans ce divin mouvement.

DEUX amours sont l'origine
De toutes nos actions;
L'amour propre, dit Leon,
De tout mal est la racine:
Amour saint, sacré lien,
Charité, flamme divine,
Amour saint, sacré lien,
Seul en nous tu fais le bien.

L'AMOUR seul arrive au trône
Du Seigneur saint par trois fois;
Il n'exauce que sa voix,
C'est lui que sa main couronne;
Seul il honore le Roi
Dont la grandeur nous étonne,
Seul il honore le Roi,
Seul il observe sa Loi.

NON: je ne puis plus m'en taire,
L'on attaque dans le cœur
Vôtre Epouse, ô mon Sauveur!
Quoi! dire qu'on peut vous plaire
Sans JESUS, sans charité,
Sans la foi qui seule éclaire,

Sans J E S U S, fans charité.
Quelle horrible impiété !
   O u i, fans foi que de miféres !
Sans J E S U S, fans charité,
Tout n'eſt que cupidité
Et que ténébres groſſiéres :
Eſprit Saint remplis nos vœux
Répans fur nous tes lumiéres,
Eſprit Saint remplis nos vœux
Embraſes-nous de tes feux.

CRAINTE
SERVILE.

LXVI.

   D I E U ! quelle étrange entrepriſe,
L'on renverſe infolemment
Vôtre grand commandement ;
Souffrirez-vous que l'on diſe
Que fans jamais vous aimer
La crainte feule fuffife ;
Que fans jamais vous aimer
L'on vous force à pardonner ?

   L'E S C L A V E en la Loi de crainte
Nous dit-on, devoit aimer ;
Et l'on prétend difpenfer
L'enfant dans cette Loi fainte
D'aimer un Pere ſi bon,
Que la raifon eſt éteinte !
D'aimer un Pere ſi bon,
Quelle effroiable illufion !

LXI.

   L A crainte n'eſt pas capable
De changer le cœur humain ;
Elle arrête bien la main,
Mais le cœur reſte coupable :

L'amour seul peut convertir   LXVI.
Et rendre Dieu favorable ;
L'amour seul peut convertir
par un tendre repentir.

LA seule crainte servile   LXVII.
Ne montre dans le Seigneur
Qu'un Maître plein de rigueur,
Et d'un accès difficile ;
Elle mene au desespoir
Un Judas, une ame vile,
Elle mene au desespoir
Sans donner le bon vouloir.

SEIGNEUR, je ne puis rien faire   NECESSITE'
Sans Grace, sans vôtre amour ;   DE LA
Vous n'accordez ce secours   PRIERE.
Qu'à la foi, qu'à la priére :
Faites-moi toûjours prier,
Pour un don si salutaire,
Faites-moi toûjours prier,
Sans jamais vous oublier.

QUICONQUE, ô Dieu de lumiére, PRIERE DU
Invoque vôtre bonté   JUSTE.
Avec foi, sera sauvé.
O charité salutaire !   LXVIII.
Vous renfermez tout moïen
Dans la foi, dans la priére ;   MOIEN
Vous renfermez tout moïen   ABREGE'
Du salut, en ce seul bien.   DU SALUT.

PÉCHEUR, si dans ta priére   PRIERE DE
Tu désire être exaucé,   L'IMPIE.
                                    LIX.

NOUVEAU
PÉCHÉ.

A ton Dieu tout courroucé
Hâte-toi de satisfaire :
Quand à ton vice attaché
Tu persiste à t'y plaire,
Quand à ton vice attaché
Tu prie, c'est même un péché.

L'EGLISE.

LXXII.
LXXIII.
LXXIV.
LXXV.
LXXVI.

DE l'Eglise font la gloire,
Les justes de tous les tems,
Qui, comme membres vivans
Seuls ont part à sa victoire :
Les méchans lui sont unis,
Qui refuse de le croire ?
Les méchans lui sont unis,
Mais comme membres pourris.

LXXVII.
LXXVIII.

PAR ton crime, race d'Eve,
Tu te retranche en esprit
Du Corps mystique de Christ,
Comme un tronc mort de sa séve,
De Dieu tu n'es plus enfant,
Contre lui quand tu t'éleve,
De Dieu tu n'es plus enfant,
Au moins intérieurement.

LECTURE
DE L'ECR.
SAINTE.
LXXIX.
LXXX.
LXXXI.
LXXXII.
LXXXIII.

VOUS êtes, Sainte Ecriture,
Des foibles enfans le lait,
Et de tout Chrétien parfait
La solide nourriture :
C'est donc du lait les priver,
D'empêcher vôtre lecture,
C'est donc du lait les priver,
Et le pain leur enlever.

GRAND

(13)

Grand Dieu ! jugez cette affaire ;
A moi qui suis vôtre fils,
De lire il n'est plus permis
Le Testament de mon Pére :
Pourquoi défendre à l'enfant
Ce que l'esclave a pû faire ;
Pourquoi défendre à l'enfant
De lire son Testament.

La coûtume Apostolique
Au peuple donne le droit
En chantant d'unir sa voix
A l'Eglise en ses Cantiques ;
Lui défendre de s'unir
Dans les prieres publiques ;
Lui défendre de s'unir,
C'est l'affliger, le punir.

Eloigner un grand coupable
De l'Autel de sainteté,
C'est sagesse & charité,
Qu'y trouve-t-on de blâmable ?
De changer il a promis,
Mais sa promesse est peu stable ;
De changer il a promis,
Pour son bien qu'il soit remis.

O maximes infernales
Qui permettent d'approcher
Du Dieu saint, sans s'arracher
A ses passions brutales,
Sans amour, & sans la foi,
Quoique vertus capitales ;

LXXXIV.
LXXXV.

UNION DU
PEUPLE AU
CLERGE'
DANS LES
PRIERES
PUBLIQUES

LXXXVI.

DELAI DE
L'ABSOLU-
TION.

LXXXVII.
LXXXVIII.

LXXXIX.

B

Sans amour & sans la foi,
Qui peut l'oüir sans effroi ?
C'est faire grace aux coupables
De les souffrir assister,
Avant de long-tems pleurer,
Au sacrifice adorable :
L'ancienne sévérité
Les en jugeoit incapables ;
L'ancienne sévérité
Justement les a traitez.

L'Eglise est dépositaire
De l'ancienne vérité,
Même de l'autorité :
Donc l'effraïant ministére
Doit par les premiers Pasteurs
En consultant cette Mére,
Doit par les premiers Pasteurs
S'exercer avec douceur.

Crainte d'une injuste foudre
Manquerai-je à mon devoir ?
De Dieu craignons le pouvoir,
Il saura bien nous absoudre :
Contre son autorité
L'homme ne peut rien résoudre ;
Contre son autorité
Que peut la malignité ?

On pense bien plus à plaire
En prêchant, qu'à convertir ;
De l'Eglise on doit sentir
La vieillesse qui l'altere.

ASSISTAN-
CE DES PE-
CHEURS AU
S. SACRI-
FICE.

LXXXIX.

POUVOIR
DES CLEFS.

XC.

EXCOMMU-
NICATION
INJUSTE.

XCI. XCII.
XCIII.

VIEILLESSE
DE L'EGLI-
SE.

XCV.

Un Prophete l'a prédit
Qu'en une langue étrangere,
Un Prophete l'a prédit
Qu'on prêcheroit, mais sans fruit.

EXIGER à l'avanture SERMENS.
Pour des choses de néant & I.
Les plus terribles sermens
C'est faire bien des parjures ;
Comment jurer au hazard
Sur Dieu, sur les Ecritures ;
Comment jurer au hazard ?
C'est le secret d'Escobard.

VOILA les leçons sublimes CONCLU-
De Prosper, de Celestin, SION.
De Fulgence, d'Augustin,
En ces points tous unanimes :
Dans la bouche de Quesnel
Deviennent-elles des crimes ?
Dans la bouche de Quesnel
Sera-ce un poison mortel ?

NON, non, la vérité sainte
Est toûjours la vérité ;
Ce qu'elle a jadis dicté
Porte encore son empreinte :
Et jamais l'âge futur
Ne peut y donner atteinte,
Et jamais l'âge futur
Ne peut le rendre moins sûr.

C'EST pourquoi du très-saint Pére APPEL AU
Laissant la décision CONCILE.

Et sa Constitution,
J'endure en paix sa colere:
Le Concile est plus que lui ;
Qu'il décide, j'y défere :
Le Concile est plus que lui
Mon inébranlable appui.

REPONSE

*A l'Ojection prise de la multitude
des Evêques unis avec le Pape.*

OBJIC-
TION.

Obéissez à l'Eglise,
Nous dit-on, Elle a parlé ;
Le Pontife a décidé,
Ne craignez point la surprise ;
Les Prélats ont accepté,
Soûmettez-vous sans remise :
Les Prélats ont accepté
Montrez vôtre humilité.

REPONSE.

Je n'apperçois point l'Eglise
Dans ce nombre d'Acceptans,
Tous d'avis si différens,
Où chacun trompe & déguise :
Une mére à son enfant,
Crainte qu'on ne le séduise,
Une mere à son enfant
Parle plus distinctement.

Si le seul nombre est la base
De nôtre acquiescement,

Il faut proscrire hautement
La foi d'un Saint Athanase (a) ;
L'Episcopat réüni
Joint à Libere, l'écrase ;
L'Episcopat réüni
Le condamne à Rimini.

Le seul Sophrone s'oppose
Aux Evêques d'Orient ;
Le Pape (b) les appuïant
A tout l'Univers impose ;
Le Concile-général
Hérétique les suppose ;
Le Concile-général
Les frappe d'un coup fatal.

La Bulle doit sa naissance
Comme ces vieilles erreurs,
A la brigue, à la fureur,
A l'aveugle obéissance :

B 3

(a.) Saint Athanase qui défendoit la foi du Concile de Nicée, a été condamné par les Conciles de Rimini & de Seleucie, & par presque tous les Evêques du monde.

(b) Le Pape Honorius & les Patriarches d'Orient avec deux Conciles, avoient décidé en faveur du Monothelisme ; ils furent depuis condamnez comme Hérétiques par le VI. Concile général & par plusieurs Papes.

Il faut l'unanimité
Pour former nôtre croïance ;
Il faut l'unanimité,
L'examen, la liberté.

C'est ce qui manque à la Bulle
Comme au Decret d'Honoré ;
Ce défaut a ruïné
De Rimini la Formule ;
Là point d'unanimité,
Comme ici l'on n'en voit nulle ;
Là point d'unanimité,
D'examen, de liberté.

On lui donne un sens à Rome
Et mille autres à Paris,
Les Prélats sont desunis,
De discorde c'est la pomme ;
Elle est la Tour de Babel
Où se confond l'idiome ;
Elle est la Tour de Babel
Où se perd l'homme mortel.

Par quel nouveau privilege
Le Pape a-t-il décidé,
Sans avoir examiné
Avec le Sacré College ?
Par-tout l'Inquisition,
Vous en savez le manége ;
Par-tout l'Inquisition
Reçoit sans discussion.

La France admet de la Bulle
La lettre, & proscrit le fonds.

Par tant d'explications
Contraires & ridicules.
Des puiſſans l'autorité
Empêche qu'on ne recule,
Des puiſſans l'autorité
Ote toute liberté.

De la Bulle on fait trafique,
Si ſoûmis vous l'acceptez,
Pour vous ſont les dignitez
Ou privilege autentique :
Pour moi qui n'eſpére rien,
Je dis la Bulle hérétique,
Pour moi qui n'eſpére rien,
La Croix ſeule eſt tout mon bien.

C'est donc l'ombre de l'Egliſe
Et non la réalité
Qu'on ſemble avoir accepté :
Dangereuſe eſt la mépriſe :
Par ce phantôme, Satan
Aveugle l'ame ſurpriſe;
Par ce phantôme, Satan
Trompe tous, petits & grands.

O le piége trop nuiſible !
O prodige ſéduiſant !
Prédit pour ces derniers tems
Par un jugement terrible :
Ceux que Dieu même a choiſis,
Si la choſe étoit poſſible;
Ceux que Dieu même a choiſis
En erreur ſeroient induits.

Loin l'aveugle obéiſſance,
On ne la doit qu'à Dieu ſeul ;
On ne peut ſans grand orgüeil
Lui refuſer ſa croïance :
Mais il faut être aſſuré
Pour croire ſans défiance ;
Mais il faut être aſſuré
Que Dieu lui-même a parlé.

C'est à l'Egliſe à le dire,
Mais pour entendre ſa voix,
Il faut connoître les loix
Qu'elle a coûtume de ſuivre :
Montrez l'unanimité
Je céde ſans contredire ;
Montrez l'unanimité,
L'examen, la liberté.

L'ACCOMMODEMENT.

Loin ſur-tout cette cabale,
Où la brigue & le crédit ;
Où l'amour du ſiécle ourdit
Une paix vaine, fatale ;
La foi de l'Egliſe de Chriſt
Eſt ſimple, & toûjours égale ;
La foi de l'Egliſe de Chriſt
Jamais fraude ne ſouffrit.

O paix fauſſe & chimérique,
Par elle tout-à-la-fois

Je proscris & je reçois
La Doctrine Catholique :
Dans cet Accommodement
Quelle absurde politique ;
Dans cet Accommodement
Quel affreux déguisement.

MONITOIRE

*Fulminé à Reims à l'occasion de
ce Cantique.*

LANCER contre un saint Cantique
Le trait le plus foudroïant,
D'un pouvoir si saint, si grand
O usage fanatique !
N'est ce pas deshonorer
La censure Apostolique ;
N'est ce pas deshonorer
l'Eglise, & y dominer ?
    Pour une injuste censure
Trahirai-je un innocent
Qui m'enseigne simplement
La vérité la plus pure ?
Si vous déchargez vos coups,
Je ne crains point la blessure ;
Si vous déchargez vos coups,
Ils retomberont sur-vous.

PROPOS
XCIV.

PROPOS
XCIII.

PROPOS.   MAIS pourquoi tant de colére
XCVI.XCVII Contre ce pieux Maçon * ?
XCVIII.   Il craint Dieu, c'est la raison
XCIX. C.   Qui l'implique en cette affaire :
       L'on pourfuivroit JESUS-CHRIST
       S'il revenoit fur la terre ;
       L'on pourfuivroit JESUS-CHRIST
       Pour la Bulle *Unigenit.*

PRIERE.

AIDEZ-moi de vos lumiéres,
Eternelle vérité :
C'est vous que l'impiété
Attaque en tant de maniéres :
Vôtre mort, ô doux JESUS
Se retrace toute entiére ;
Vôtre mort, ô doux JESUS
Se retrace en vos Elûs.
     CUSA dans fa conjecture
L'a prédit bien clairement
Que vous devez en ce tems.
JESUS, mourir. Il affure
Que tout Apôtre fuira,
Nous en voïons l'avanture,

* On retient à Reims depuis plufieurs
mois en prifon un Maçon d'une piété
exemplaire, pour avoir diftribué quel-
ques exemplaires de la premiére édition
de ce Cantique à fes Compagnons.

Que tout Apôtre fuira,
Que Pierre vous reniera.
    Par-tout ce n'eſt que menaces
D'Excommunications,
Ou d'exils, ou de priſons ;
Aidez-moi de vôtre Grace :
Vous fûtes ainſi traité
Jesus, je prens vôtre place ;
Vous fûtes ainſi traité
Et des Prêtres rejetté.
    A la Chaire de Saint Pierre
Toûjours je demeure uni,
Et de nulle erreur flétri :
Je chante d'un cœur ſincere,
Je ſuis de l'Egliſe enfant,
Je crois ce qu'elle fait croire ;
Je ſuis de l'Egliſe enfant
Juſqu'à répandre mon ſang.

                    Ainſi ſoit-il.